내가 왜 특별한 집을 짓는지 알려 줄까?

최고의 동물 건축가들

사람들처럼 동물들도 집이 필요해요.

여기에 등장하는 동물들은 정말 최고의 건축가들이에요.

높은 나무 위에 집을 짓기도 하고, 땅속에 숨어서 짓기도 해요.

흙이나 나뭇가지, 나뭇잎 등 근처에서 구할 수 있는 것이라면 무엇이든 재료가 될 수 있어요.

작고 단순한 집에서부터 커다랗고 복잡한 집까지 집마다 각양각색의 개성이 넘쳐요.

동물 중에는 혼자 사는 걸 좋아하는 동물이 있는가 하면 다른 동물들과 더불어 살기를 좋아하는 동물도 있어요.

이들은 3미터 높이의 아파트 둥지를 지어 함께 살기도 하고, 터널을 뚫고 쉼터를 만들기도 해요.

도로나 댐을 건설하거나 거미줄을 만들기도 하지요.

이렇게 특별한 집을 짓는 위대한 건축가들이

누구인지 확인해 보세요!

목차

비버	8
크로스 스파이더	14
집단베짜기새	20
흰개미	26
황새	32
미어캣	38
꿀벌	44
붕어	50
두더지	56

버서

나는 가족이 많아요. 예닐곱이 함께 모여 살지요.
그래서 물가에 커다란 집을 짓고 살아요. 우리는 나무도
갉아서 넘어뜨리고 댐도 잘 만드는 건축가들이에요.

나는 누구일까요?

이름: 비버
종류: 포유류

크기: 꼬리를 뺀 길이는 60~70센티미터, 수컷과 암컷의 크기가 같아요.

이빨과 발톱을 이용해서 **집을 지어요.**

이빨은 계속 자라나요.
하지만 이것저것을 쉴 새 없이 갉아대기 때문에 너무 길어지지는 않아요.

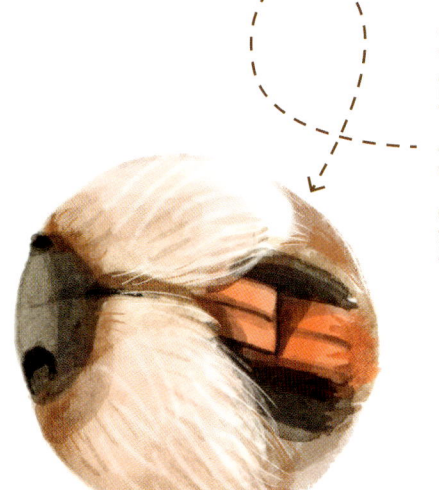

다리: 앞다리 2개는 짧고 뒷다리 2개는 길고 굵직해요.

발: 앞발은 손처럼 사용해요. 뒷발에는 발가락 사이마다 물갈퀴가 있어 수영하는 데 도움이 돼요.

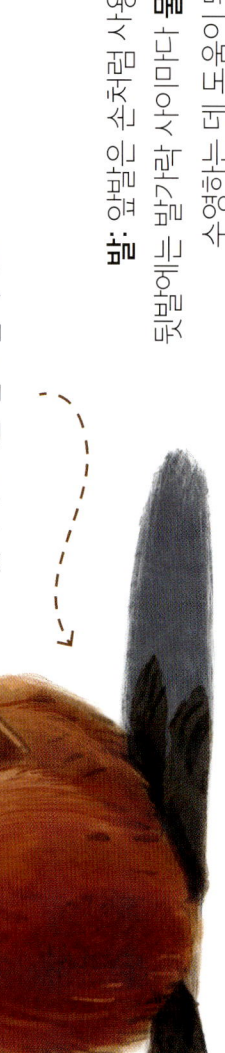

두 번째 발가락은 이중 발톱이에요.

비늘이 있는 **넓고 평평한 꼬리**

서식지: 개울과 강, 연못, 호수, 늪 근처에 살아요.

먹이: 나뭇잎, 나뭇가지, 잔가지, 뿌리를 포함한 온갖 식물

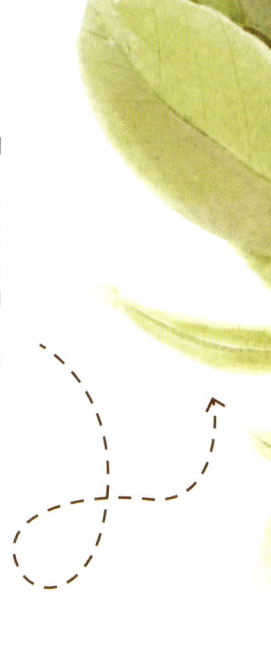

수영 속도: 시속 55킬로미터

천적:

  여우

 늑대

 곰

 멧돼지

 들고양이

 퓨마

 스라소니

 울버린

낮에는 대부분 잠만 자요.
주로 저녁이나 밤에 활동하지요.

위험한 상황이 되면
꼬리로 물을 힘껏 쳐요.

땅 위에서는 느리지만
물속에서는 재빨라요.
숨 쉬지 않고 15분 동안이나
물속에서 수영할 수 있어요.

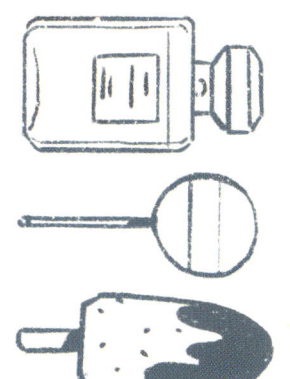

내 앞솜은 없니 바로 뒤에 있어서
앞을 뿌리지 않고도 물속에서
이를 갈 수 있어요.
그래서 입만 눈, 코에 물이
들어가지 않아요.

나는 집에 냄새를 남겨요. 그래서 다른
비버가 사는 집이라는 걸 알지요. 믿기지 않겠지만
내가 풍기는 냄새는 꽤 좋아요. 어떤 사람들은
바닐라 향 같다고도 말해요.

뒷발에 있는
이중 발톱으로
털에 묻은 진흙과
먼지를 털어내요.

11

여기가 우리의 보금자리예요. 나무 둥지와 나뭇가지, 진흙으로 만들었지요. 우리집 입구는 두 개인데, 물속에 있어요. 어떤 집은 입구가 하나만 있기도 해요. 집 안으로 들어가면 방이 하나 또는 두 개가 있어요. 첫 번째 방은 몸을 흔들어서 털을 말리는 곳이에요. 다른 방은 함께 생활하는 곳이죠. 두 방 모두 물 위에 있어서 젖을 염려가 없어요.

우리 집은 벽이 두껍고 입구가 물속에 있는 게 특징이에요. 덕분에 천적들이 들어오지 못해요. 얕은 물에 집을 지어야 할 때는 댐을 만들어요. 댐을 지으면 물이 올라가서 천적을 막을 수 있거든요. 우리 때문에 하천 주변에 변화가 생기기도 해요.

해마다 새끼들이 둥에서 여덟 마리 정도 태어나요. 형과 누나들이 아기들 돌보는 걸 도와요. 집도 깨끗이 청소하지요. 아직 어린 동생들은 집 안에 있는 곳에서 수영하는 법을 배워요. 여기가 가장 안전하거든요. 하지만 두 살이 되면 우리는 집을 떠나야 해요. 물가에 새로운 곳을 찾아서 내 집을 짓는답니다.

크로스 스파이더

나는 매일 끈적끈적한 실로 커다란 거미줄을 만들어요. 거미줄은 먹이를 잡는 데 사용됩니다. 벌레가 거미줄에 걸려 몸부림을 치면 거미줄에 구멍이 생길 때도 있어요. 그러면 나는 구멍 난 거미줄을 고쳐요. 다음 날이 되면 또 새 거미줄을 만들며 하루를 시작해요.

독성이 있는 2개의 **턱**으로 먹잇감을 죽이고, 소화액을 주입해서 먹잇감을 액체로 만든 후에 빨아먹어요.

뱃속 생(방적돌기)에서 나오는 특별한 실을 이용해서 **집을 지어요**. 거미들은 거미줄을 만들거나 먹잇감을 둘둘 감쌀 때 이 실을 이용한답니다. 뿐만 아니라, 천적으로부터 재빨리 도망칠 때에도 실을 타고 도망가지요.

등에는 하얀 점이 십자가 모양으로 늘어서 있지요.

먹이: 날아다니는 곤충

다리는 8개로 꺼끌꺼끌하고 잔털이 있어요.

나는 누구일까요?

이름: 크로스 스파이더
종류: 거미류

크기: 암컷은 20밀리미터, 수컷은 13밀리미터 정도예요.

서식지: 정원, 들판, 울타리, 숲 등에 살아요.

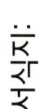

속도: 시속 약 2킬로미터

0　2 km/h

곤충들은 겁날 수 있어요. 그래서 눈이 1쌍으로 사물을 볼 수 있지만, 거미는 볼 수 있어 때문에 멀어지면 새로운 걸음이 빼뚤게 자라서 단단해진답니다. 8개의 눈이 두 줄로 되어 있어요.

내게도 뼈가 있어요. 그래서 몸이 말랑말랑해요.
자라는 동안 뱀처럼 허물을 벗어요. 내 몸을 둘러싼 허물이 떨어지면 새로운 겉껍질이 빼뚤게 자라서 단단해진답니다.

모든 거미는 물 수 있어요. 하지만 그중에 일부만 위험하지요.
나는 아니에요. 거미들은 겁을 먹으면 물어요. 내가 물 때 잎에서 독이 나온답니다. 그래서 상처가 날 수 있어요.
하지만 아주 작은 양이라서 그다지 해롭지는 않을 거예요.

나는 곤충이 아니에요. 곤충은 다리가 여섯 개뿐이거든요.
나는 거미류에 속해요. 전갈이나 진드기 등도 거미류에 들어가지요.

움직일 때 다리 4개를 공중으로
치켜들고, 나머지 4개로는 땅을 디뎌요.
앞 다리로 주변을 탐색하기도 하지요.
나는 눈이 8개나 있지만 시력은
그다지 좋지 않아요.

난 귀찮게 하면 거미줄을 훅 쏠 쳐요.
그래도 통하지 않으면 거미줄에서 실을
길게 늘어뜨려서 도망가 버리지요.

천적:
주로 새들이에요.

이제 막 만든 거미줄이에요. 매우 끈적끈적해서
벌레들을 잡기에 안성맞춤이지요. 우리는 끈적이지
않는 거미줄도 몇 개 만들어요. 그 거미줄을 타고
우리는 움직인답니다. 거미줄에 먼지가 많이 붙으면
덜 끈적해져요. 그럼 거미줄 한가닥을 길게 늘어뜨려
그 끝에 매달려요. 거미줄이 바람을 타고 흔들거리다
나를 다른 곳으로 데려다준답니다.
참 재미있는 여행이에요!

나는 햇빛이 밝게 비칠 때 거미줄을 만드는 걸 좋아해요.
우선 거미줄을 지탱해 줄 지지대를 만들죠. 그리고 나서
가운데에서부터 바깥쪽으로 동글게 거미줄을 만들어나가요.
마치 자전거 바퀴살 같지 않나요? 어떤 사람들은
내 거미줄을 보고 바퀴 거미줄이라고도 불러요.
거미줄은 머리카락의 20분의 1밖에 되지 않을 정도로
얇지만 같은 굵기의 강철보다 5배나 강해요.

머리를 아래로 두고 뻗대가 내 거미줄에 걸리기만을 기다려요.
이때금 거미줄로 벌레를 둘둘 감싸서
나중에 먹으려고 보관한답니다.

집단배짝기새

나는 여럿이 함께 있는 것을 좋아해요.
우리는 커다란 둥지에서 다른 가족들과 함께 생활한답니다.
할머니와 할아버지, 부모님과 아이들 모두 서로를 돌봐줘요.
나는 어린 새들을 위해 먹이 찾는 일을 하기도 해요.

나는 누구일까요?

이름: 집단베짜기새
종류: 조류

크기: 14센티미터, 암컷과 수컷의 크기가 같아요.

다리: 2개

우리는 대부분 땅에서 먹이를 구해요. 하지만 나무 둥치나 나뭇잎에서도 먹이를 찾아 먹어요. 우리는 보통 무리를 지어 먹이를 구하러 다니는데 특히 흰개미를 좋아해요.

내 모습을 보면 참새가 생각날 거예요. 그러나 참새보다 부리가 좀 더 단단하고 색깔도 회갈색이랍니다.

부리와 발로 집을 지어요.

서식지: 키 큰 나무 몇 그루가 있는 열대 초원에 살아요.

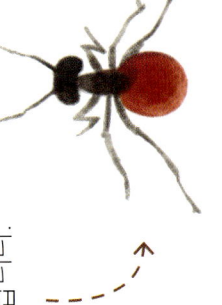

먹이: 주로 벌레를 먹어요. 식물의 씨앗과 과일도 좋아한답니다.

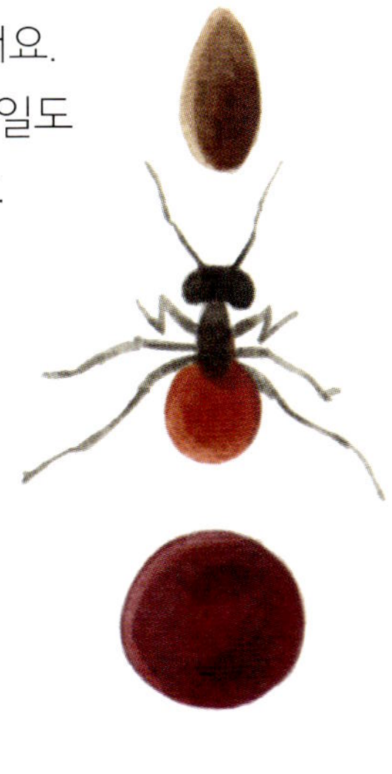

속도: 시속 50킬로미터

100

50 km/h

0

우리 둥지는 굉장히 커요. 최대 3미터 높이에 길이가 6미터나 되는 거대한 둥지도 있어요. 그런 둥지는 무게도 1,000킬로그램이 넘어요. 때로 500마리까지 함께 살기도 해요. 새들이 사는 아파트라고 볼 수 있겠네요.

하지만 둥지가 너무 커서 무게를 견디지 못하면 나무가 무너져 내리기도 한답니다.

우리 둥지는 굉장히 커요. 최대 3미터 높이에 길이가 한 번 지은 둥지는 오래 유지되어요. 지은 지 100년 이상 된 둥지도 있어요.

암컷은 일 년에 적어도 4번 알을 낳는데, 한 번 낳을 때마다 평균 3개 정도 낳아요. 알이 깃 중요한 것은 어린 새들 중 절반 이상이 뱀이나 집박쥐때문에 죽는다는 거예요. 하지만 일단 살아남으면 오래도록 살 수 있지요. 집박쥐는 10년까지 살 수 있어요. 새끼고는 꽤 오래 사는 셈이지요.

우리는 다른 동물에게 매우 너그러워요. 그래서 다른 새들과 함께 지낼 수 있도록 둥지를 만들어요. 되새, 모란앵무, 피그미새매 등이 우리만큼 친근하게 지내지요.

천적:
뱀
원숭이
들쥐

둥지가 정말 특이하지요? 마치 건초더미 같아 보이지만, 아래 베도 꽤 튼튼하답니다.
우선 나뭇가지로 견사진 지붕을 만들어요.
그리고 안에는 풀을 넣지요. 털과 깃털 등 부드러운 재료를
방에 깔아두어요.

바닥을 보면 열 개 이상의 입구가 보일 거예요. 안쪽 방안으로 들어갈 수 있는 통로가 이어져 있어요.

우리는 주로 기다란 나무 둥지와 높이 있는 나뭇가지에 둥지를 지어요. 하지만 전봇대도 훌륭한 집터가 될 수 있어요. 젓봇대는 미끄러워서 침입자들이 둥지에 올라올 수 없거든요.

방은 둥지 속 깊숙한 곳에 있어요. 그래서 언제나 따뜻하게 방안의 온도를 유지할 수 있답니다. 밤이 되어 바깥 기운이 떨어지면 안에서 잠을 자고, 낮에 더울 때는 시원하게 지내기 위해 바깥쪽 방을 이용해요.

25

흰개미

나는 커다란 언덕에 살아요. 수백만 마리의 개미들과 서로 도와가며 지은 집이지요. 여기 우리 여왕님과 함께 있는 내 모습이 보이지요? 여왕님이 하는 일은 먹고 알을 낳는 것뿐이랍니다.
나는 할 일이 무척 많아요. 집을 짓는 일도 내가 하는 일이죠.

26

나는 누구일까요?

- 이름: 흰개미
- 종류: 곤충

더듬이가 2개, 그리고 나무도 썰을 수 있을 정도로 **강력한 턱**을 가지고 있어요.

먹이: 주로 나무를 먹지만 떨어진 잎사귀나 쓰레기도 먹어요.

다리: 6개

흰개미는 **소리를 내지 않아요.** 다른 개미들과는 **냄새로** 대화하지요.

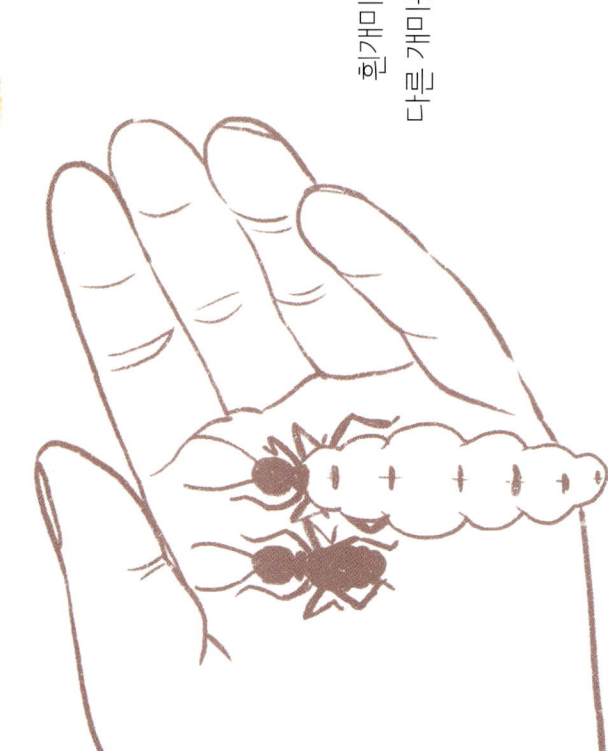

흰개미 연덕에 사는 우리는 각자 맡은 일이 있어요. 나 같은 **일개미**는 둥지를 만들고, **여왕개미**와 **알**을 돌보며 먹이를 구해 와요. **병정개미**는 입구를 지켜요.

병정개미는 **강력한 턱**을 갖고 있는데 입으로 독성 물질을 뿜는답니다.

모든 **일개미는 흰색**이에요. 평생 햇빛을 볼 일이 없으니까요. 병정개미는 낮에 밖에 나와 있기 때문에 **연한 갈색**이에요.

크기:
일개미 0.3~2센티미터
여왕개미 5~10센티미터

우리는 이름도 겉모습도 개미와 닮았지만 사실은 개미과 곤충이 아니에요. 우리는 **바퀴벌레에** 좀 더 가깝답니다.

서식지: 따뜻한 열대지방에 살아요.

속도: 시속 2킬로미터

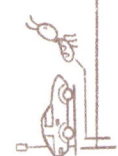

100

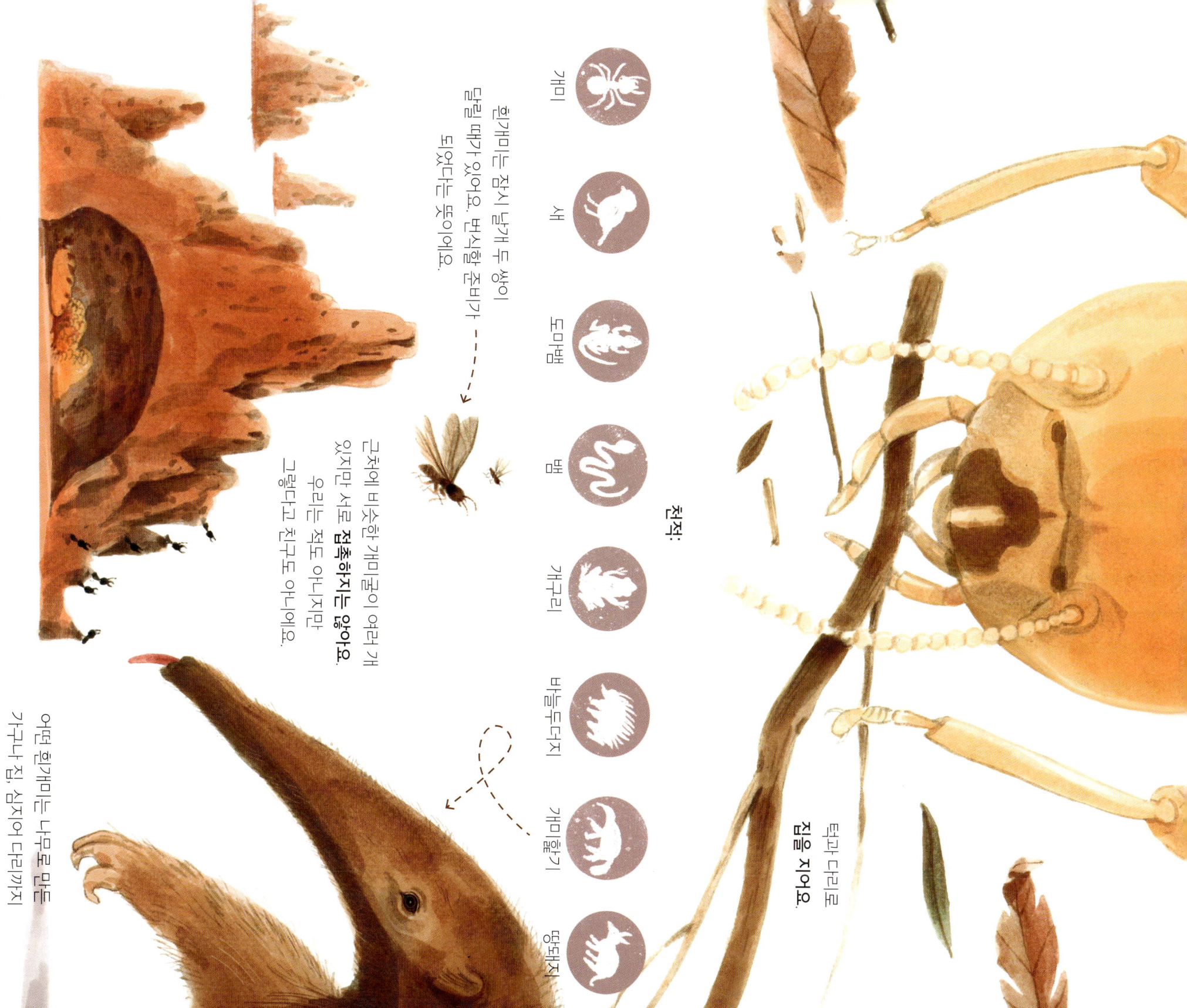

천적:

- 개미
- 새
- 도마뱀
- 뱀
- 개구리
- 바늘두더지
- 개미핥기
- 땅돼지

턱과 다리로 집을 지어요.

힘개미는 잠시 날개 두 쌍이 달릴 때가 있어요. 번식할 준비가 되었다는 뜻이에요.

근처에 비슷한 개미굴이 여러 개 있지만 서로 접촉하지는 않아요. 우리는 서로 적군도 아니지만 그렇다고 친구도 아니에요.

여왕개미는 하루에 알을 3만 개 낳아요. 일 년에 천만 개 남는 알을 낳는 가지요. 우리 여왕개미는 20살이 넘었어요. 일개미나 병정개미는 겨우 2~4년밖에 못 산답니다. 새로운 여왕개미가 태어나면 수컷 마리를 골라 함께 둥지 밖으로 날아가요. 새로운 장소를 찾아가 새로운 공동체를 만든답니다.

어떤 힘개미는 나무로 만든 가구나 집, 심지어 다리까지 갉아 먹어버리는 해요.

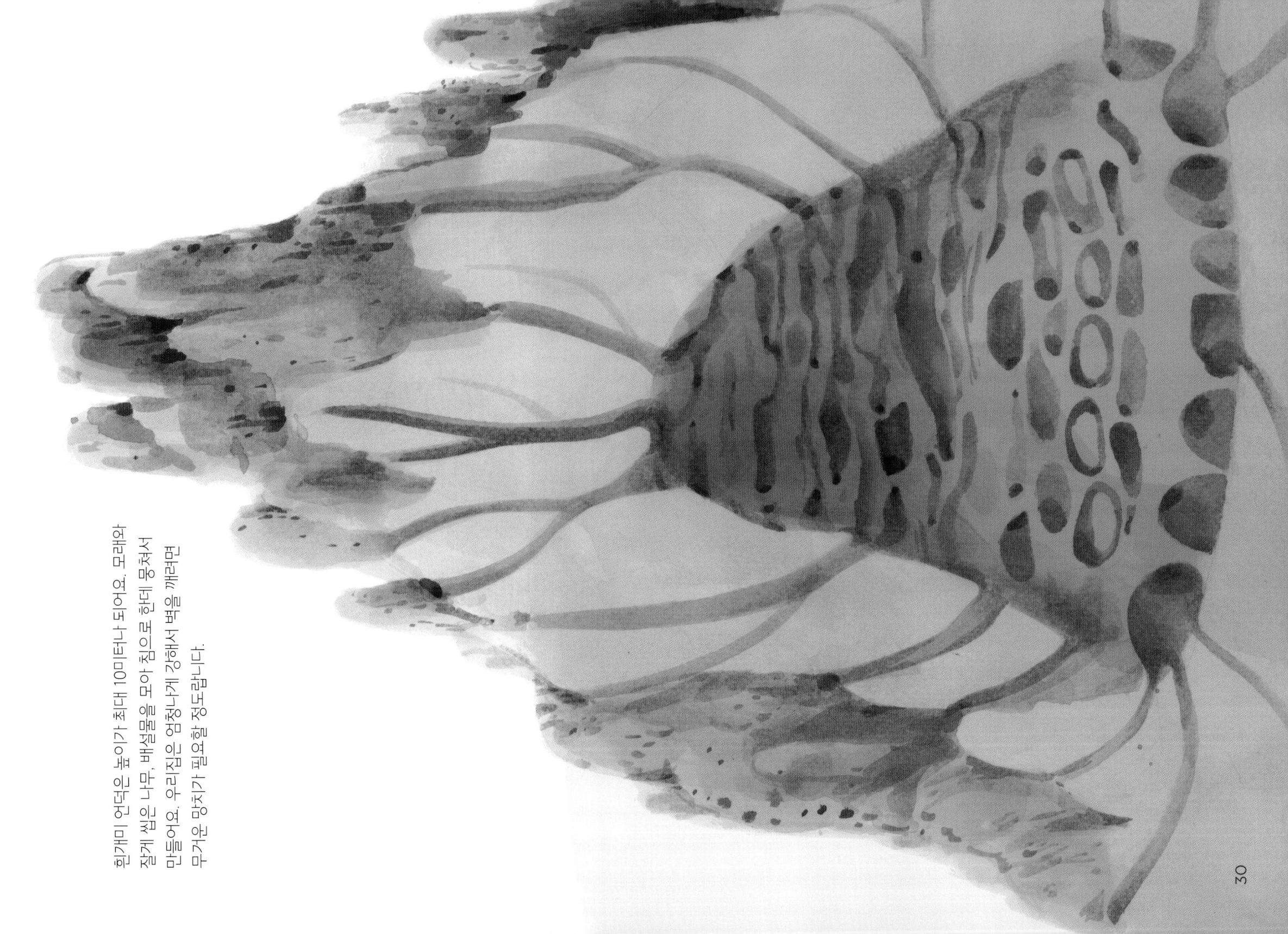

환개미 언덕은 높이가 최대 10미터나 되어요. 모래와 잘게 씹은 나무, 배설물을 모아 침으로 한데 뭉쳐서 만들어요. 우리집은 엄청나게 강해서 벽을 깨려면 무거운 망치가 필요할 정도랍니다.

언덕 꼭대기에는 조그마하게 구멍을 남겨두어요. 열이 빠져나갈 수 있는 구멍이지요. 왜냐하면 우리가 사는 지역은 무지무지 더운 곳이거든요. 옆 벽에도 신선한 공기가 통할 수 있도록 통로를 만들어요.

여왕개미가 머무는 곳인 아기방 아래도 잎과 먹이를 옮길 수 있도록 굴을 연결해요. 우리는 침실이 필요 없어요. 왜냐하면 잠을 전혀 자지 않으니까요.

황새

빨갛고 기다란 부리를 보면 내가 누구인지 알겠지요? 나는 놀다란 나무, 탑, 굴뚝 위에 둥지를 짓어요. 이렇게 높은 곳에 있으면 눈앞에 아름다운 풍경이 펼쳐져요. 우리가 주로 살고 있는 북쪽은 가을이 되면 살기 힘들 정도로 추워져요. 그래서 남쪽으로 날아가야 해요. 봄이 되면 북쪽 우리집으로 다시 돌아온답니다.

나는 누구일까요?

이름: 황새
종류: 조류

크기:
대략 1미터, 수컷이 암컷보다 약간 더 커요.

다리는
2개 있어요.

서식지:
키 큰 나무가 있는 탁 트인 곳, 물웅덩이가 있는 초원, 늪지대에 살아요.

속도: 시속 65킬로미터

부리와 다리로 **집을 지어요.**

다른 새들처럼 지저귀지 않아요. 대신 부리로 **딱가닥** 소리를 내지요.

날개를 활짝 펼치면 약 **2미터** 정도가 돼요.

먹이:
주로 곤충이나 달팽이, 지렁이 등을 먹어요. 쥐나 개구리, 두더지, 도마뱀이나 뱀도 먹어요.

100
65 km/h
0

우리는 목과 다리를 쭉 뻗고 무리를 지어 날아요. 가장 힘이 센 황새가 맨 앞에서 남면서 바람을 가장 많이 받아요. 가세 바람을 약하게 뒤에서 따라오는 새들을 보호해 주지요. 덕분에 뒤따라 나는 새들은 체력을 아낄 수 있어요. 물론 다른 새들이 교대로 순서를 바꾸어 줍니다. 우리는 날 때 따뜻한 기류를 찾아요. 기류 위에 있으면 날갯짓할 필요가 없거든요. 다리와 날개, 꼬리도 앞으로 나아가는 데 도움을 주지요.

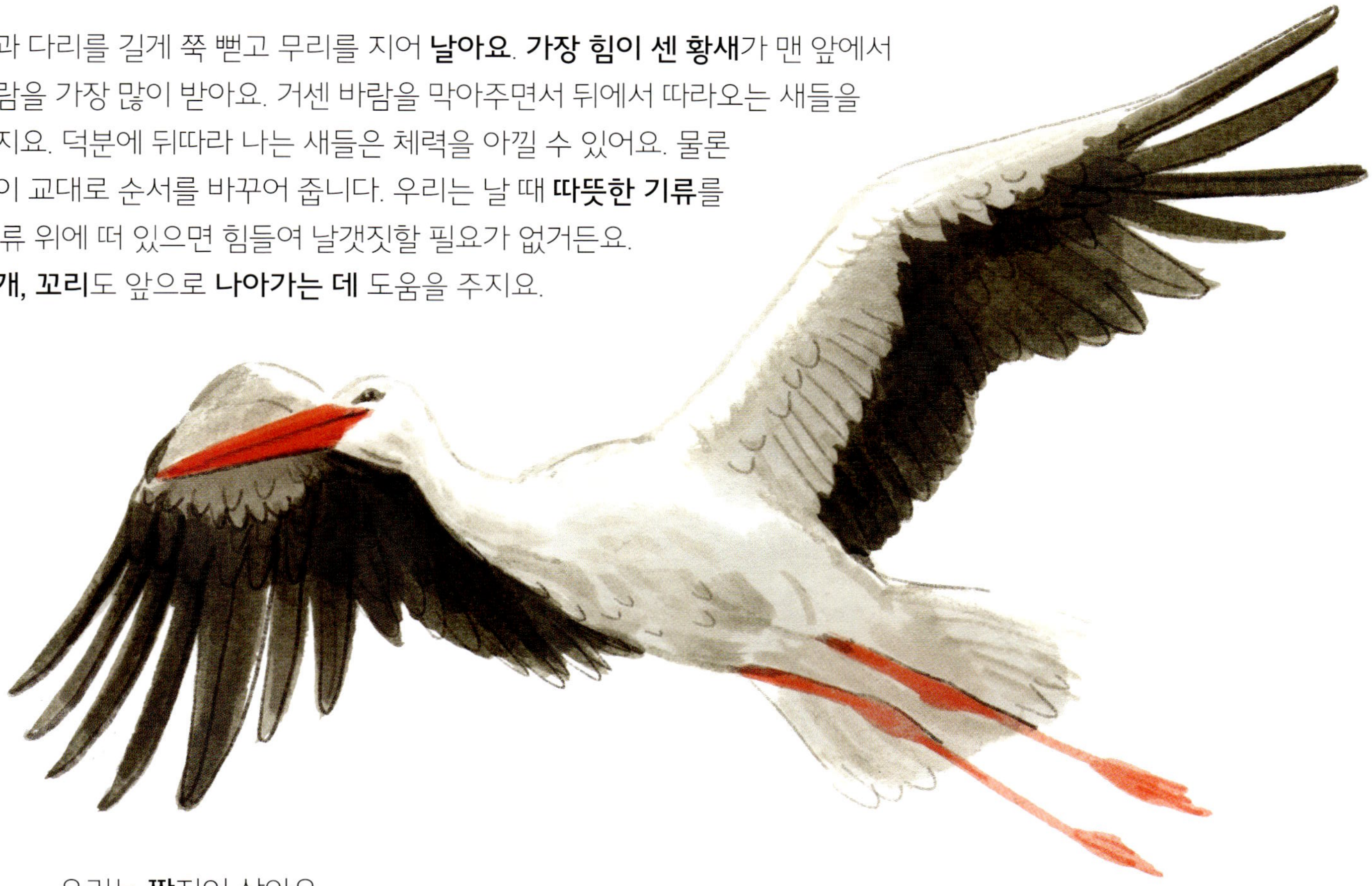

우리는 짝지어 살아요.
좋아하는 상대를 만나면 부리를 딱딱거리지요.
둥지를 방어할 때도 딱딱 소리를 내요.

긴 다리 덕분에 얕은 물가에서 물을 저어가며 먹이를 찾을 수 있어요.
겨울에 너무 추우면 다리 한 쪽만 땅을 딛고 나머지 다리는 깃털 사이에 집어넣어요.

나는 철새예요. 그래서 하루에 8시간, 500킬로미터나 날아갈 수 있답니다.

천적:
드문 경우지만 까마귀가 알을 먹어요.

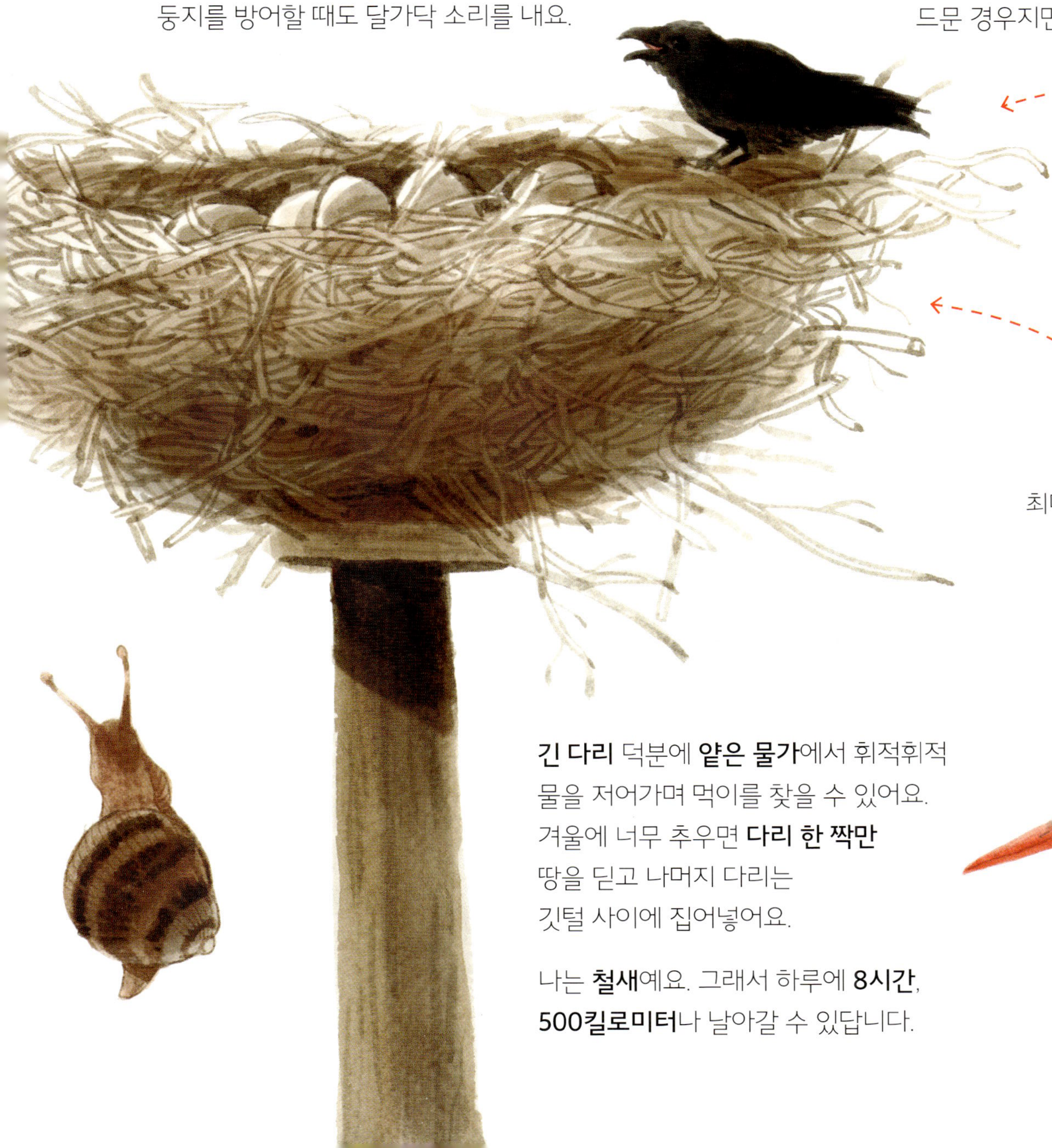

나의 둥지는
최대 2,000킬로그램이나
나간답니다!

나는 덩치가 크기 때문에 커다란 둥지가 필요해요. 그래서 둥지를 짓는 데 시간이 오래 걸린답니다. 해마다 봄이 되면 나는 원래 살던 둥지로 돌아와요. 새로 짓기는 힘들어서 작년에 쓰던 둥지 안을 나뭇가지와 풀로 채운답니다. 우리 둥지가 2미터 넘는 높은 곳에 있는 것도 이런 이유에서랍니다.

사람들은 황새가 행운을 가져다준다고 생각해요. 덕분에 자기 집 근처에 둥지를 지어도 크게 신경 쓰지 않는답니다.

나는 죽은 나뭇가지나 잔가지를
구해 와서 둥지를 지어요.
맨 위에는 부드러운 풀을 많이
깔아요. 그럼 멋지고 아늑한
보금자리가 완성!

미어캣

우리는 집 옆에 굴을 수없이 많이 뚫어요. 우리는 미로처럼 보일 정도예요. 우리는 서로 돌아가며 먹이를 찾고 보초를 서요. 적이 나타나면 가릉대거나 짖기도 하고, 휘파람을 불면서 주위에 경고를 해줘요. 그다음 땅 밑에 숨겨져 있는 우리집으로 재빨리 도망가지요.

나는 누구일까요?

이름: 미어캣
종류: 포유류

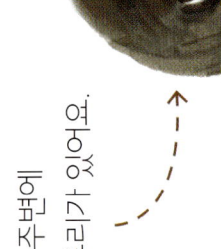
눈 주변에 검은 테두리가 있어요.

털 빛깔은 밝지만 피부는 검은색이랍니다.

앞발로 **집을 지어요.**
앞다리 발톱이 길어요.

다리:
앞다리 2개, 뒷다리 2개

허벅지는 근육질이지만 발은 작답니다.

크기:
25~30센티미터,
수컷이 암컷보다 약간 더 커요.

먹이:
곤충, 도마뱀, 거미,
전갈, 지네를 먹어요.
새들의 알도 좋아하지요.

서식지:
탁 트인 초원이나 사막에 살아요.

속도: 시속 34킬로미터

34 km/h

100

0

천적:

독수리

자칼　매　일부 뱀

일부 뱀

나는 땅을 엄청 빨리 팔 수 있어요. 작은 경주라고 일부러 먼지구름을 일으키는 것도 좋아해요. 눈 주변이 검기 때문에 밝은 햇살이 비쳐와도 눈이 시리지 않아요. 나는 시력도 무척이나 좋아요. 그래서 독수리나 매 같은 맹금류가 나타나는지 하늘을 살펴볼 수 있어요.

우리는 사회성이 뛰어난 동물이라서 30마리 이상 무리 지어 살아요. 모두 함께 어린 미어캣을 돌보아 줘요. 다른 무리와 싸울 때는 맹렬히 공격하지요.

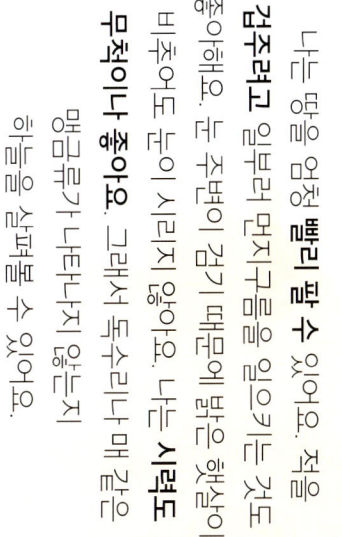

사막은 밤에 추워요. 그래서 아침이 되면 우리는 체온을 높이려고 해를 향해 배를 보이고 서 있어요. 검은 피부 덕에 햇볕에 몸을 데울 수 있답니다. 두 발로 딛고 있을 때 넘어지지 않도록 꼬리로 균형을 잡지요.

위험한 상황이 닥치면 상대를 향해 으르렁거리거나 깨물어 버려요. 손으로 치거나 침을 뱉기도 해요.

우리는 미로처럼 연결된 굴속에 살아요. 입구도 여러 개 있지요. 햇살이 강한 낮에는 밖으로 나오지만 비가 오거나 날이 흐리면 보통 집에 머물러요. 오후가 되면 뜨거운 열을 피해 쉴터를 찾는답니다.

우리가 사는 굴에는 쇠똥구리도 함께 살아요. 쇠똥구리는 우리의 배설물을 치워 주고 그 안에 알을 낳지요. 쇠똥구리는 집을 깔끔하게 유지하는 데 더할 나위 없이 편리한 친구예요.

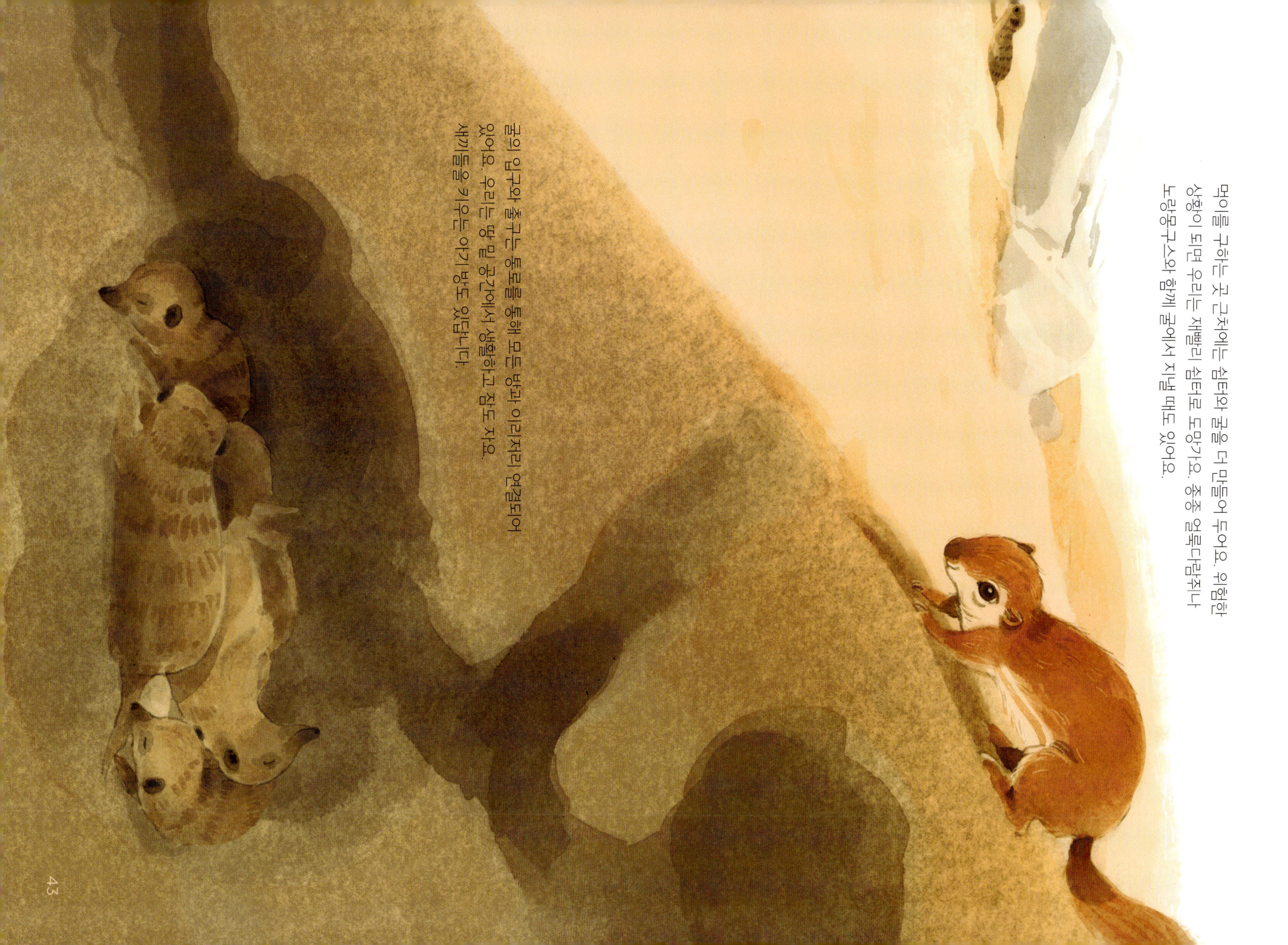

먹이를 구하는 곳 곳에는 쉼터와 굴을 더 만들어 두어요. 위험한 상황이 되면 우리는 재빨리 쉼터로 도망가요. 종종 얼룩다람쥐나 노랑몽구스와 함께 굴에서 지낼 때도 있어요.

굴의 입구와 출구는 통로를 통해 모든 방과 이리저리 연결되어 있어요. 우리는 땅 밑 공간에서 생활하고 잠도 자요. 새끼들을 키우는 아기방도 있답니다.

꿀벌

나는 벌집에 살아요. 나무줄기 나무줄기 안의 빈 곳이나 나무로 된 곳이면 어디든 집을 지을 수 있어요. 나는 미람으로 정성 들여 집을 짓고 여기에 꿀을 채워요. 꿀은 꽃이 피지 않는 겨울에 우리의 식량이 되어 준답니다.

나는 누구일까요?

| 이름: 꿀벌
| 종류: 곤충

다리와 혀로 **집을 지어요.**

다리: 6개

크기:
가장 작은 종은 3밀리미터이며 가장 큰 종은 3센티미터, 일벌은 1.3센티미터 정도 됩니다.

나는 최후의 수단으로 침을 쏘아요. **쏘는** 순간 침이 몸 밖으로 **빠지면서** 목숨을 잃지요. 말벌은 침이 빠지지 않아 더 많이 쏠 수 있어요. 나보다 더 위험한 녀석이에요.

---- 가시가 돋친 침

기다란 혀로 꽃에서 꿀을 빨아 먹지요.

서식지:
몹시 추운 곳만 빼고 어디든지 살 수 있어요.

속도: 시속 24킬로미터

100

24 km/h

0

꽃으로 날아가면 꽃가루가 내 다리에 달라붙어요. 그 꽃가루가 입속에 남아있으면 다른 꽃에 꽃가루를 가져다주지요. 수분이 이루어져요. 또 내가 다른 곳으로 이동해서 꽃이 열매를 맺게 되는 거예요.

꽃가루통:
길고 구부러진 털로 싸인 부분으로 여기에 꽃가루를 넣어 가져와요.

먹이: 새(딱따구리와 꿀)

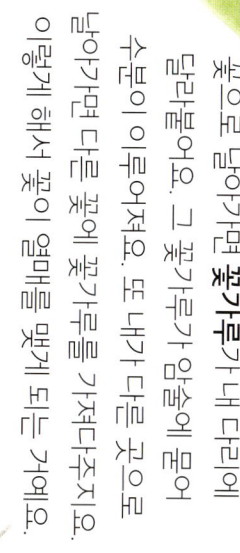

천적: 새(벌잡이새와 딱따구리 등)

소형크

곰

우리가 사는 벌집에는 세 종류의 벌이 있어요.
여왕벌, 수벌, 일벌이지요.
수벌은 수컷이고 일벌은 암컷이에요.
일벌에게만 침이 있어요.

일벌이 먹이를 발견하면
다른 벌들에게 알리기 위해 **춤을** 추어요.
춤을 출 때 나타나는 거리와 움직임으로
먹이가 있는 곳의 방향과 거리를 알게 되어
모두 함께 찾으러 나서지요.

사람들이 여기저기에 뿌려대는 **살충제** 때문에
벌들이 고통을 받고 있어요.
빨지 전체를 다 죽일 수도
있다는 걸 기억해 주세요.

47

우리는 아무것도 없는 상태에서 집을 짓지는 않아요. 우선 살만한 공간을 찾아보지요. 나무줄기 속의 텅 빈 곳이 될 수 있고, 사람들이 만든 물건이 될 수도 있어요. 우리 모두는 그 안에 집을 짓고 살면서 다른 일벌과 함께 일을 하러 나간답니다.

우리는 꽃 속에 있는 설탕물 꿀로 만들어요. 우리 입에서 나오는 소화효소로 인해 설탕이 바뀌는 거예요. 몸에 붙은 꽃가루는 입에 넣어 침과 섞어 작은 알갱이로 만들지요. 그런 다음 꽃가루통에 넣어서 가져와요. 벌집 안에서도 우리는 하루종일 열심히 일해요. 정말이지 엄마나 바쁜지 몰라요! 여름 꽃자람으로 가득 가는 철이면 벌집은 꿀로 가득 찬답니다. 그러면 사람들이 벌집에서 꿀을 채취하러 와요. 그 대가로 사람들은 우리에게 겨우내 먹을 설탕을 주지요.

49

혹돔

내가 집 짓는 동물이라는 사실을 아는 사람은 많지 않을 거예요.
나는 모래 안에 수중 둥지를 만들고 암컷을 꼬여들인답니다.
예쁘게 집을 만들어 암컷을 초대하는 것이지요.

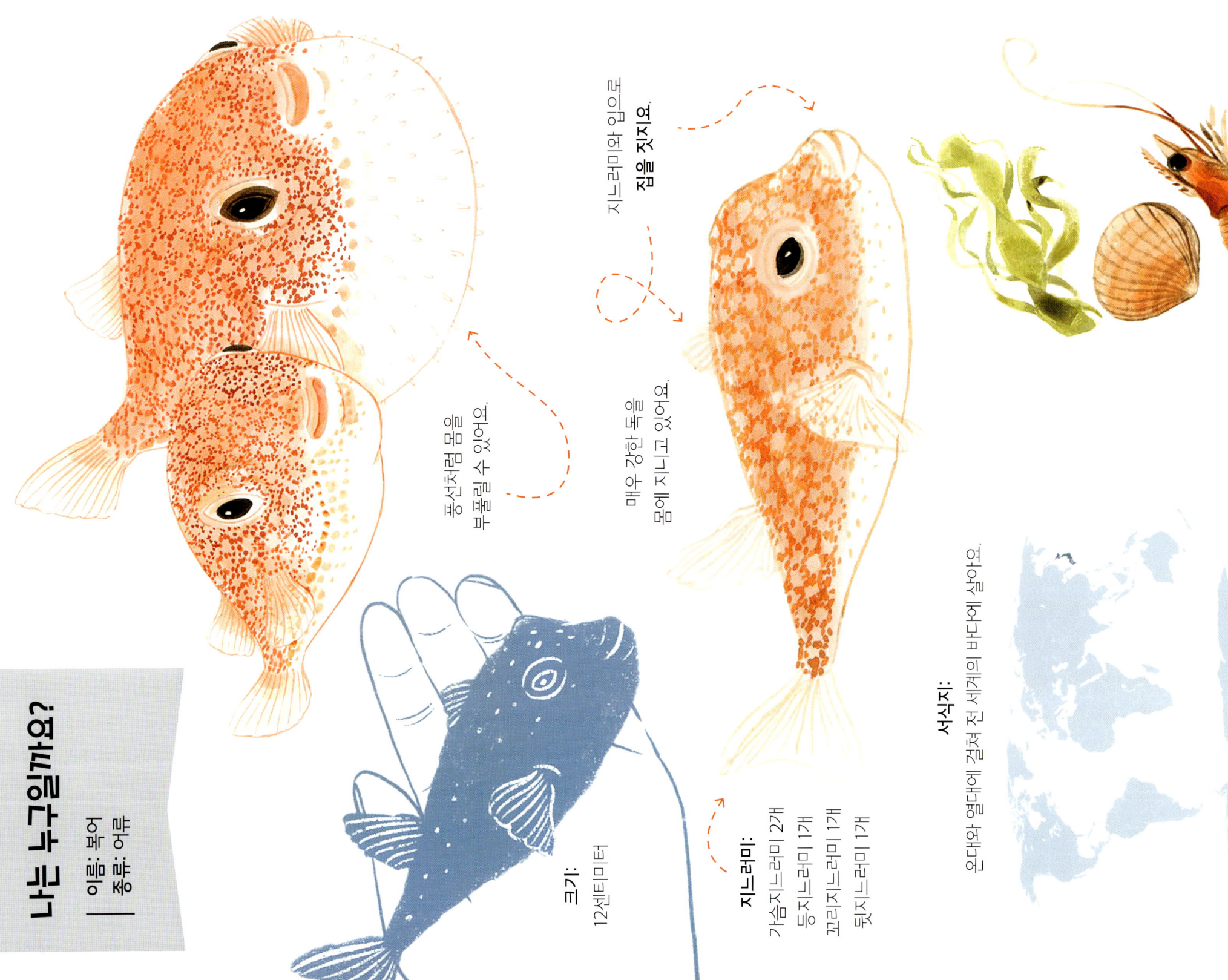

나는 누구일까요?

- 이름: 복어
- 종류: 어류

풍선처럼 몸을 부풀릴 수 있어요.

지느러미와 입으로 집을 짓지요.

매우 강한 독을 몸에 지니고 있어요.

먹이: 바닷말, 갑각류, 조개류

크기: 12센티미터

지느러미:
가슴지느러미 2개
등지느러미 1개
꼬리지느러미 1개
뒷지느러미 1개

서식지: 온대와 열대에 걸쳐 전 세계의 바다에 살아요.

속도: 시속 0.5킬로미터

0 5 km/h

나는 두 눈 각자 따로 움직여서,
동시에 다른 걸 볼 수 있어요.
한쪽 눈으로는 먹이를 찾고
다른 쪽 눈으로는 적을 살피는 거지요.

내게도 천적이 많아요. 하지만
날 먹어버리면 큰 후회할 거에요.
내 몸에는 어른 한 명을 죽이고도
남을 정도로 많은 **독**이 있답니다!

나는 평소에는 느릿느릿 헤엄치지만
방향을 바꿀 때는 재빠르지요.
참! 뒤로도 헤엄칠 수 있어요.

천적:
상어나 돌고래 같은 물고기잡이

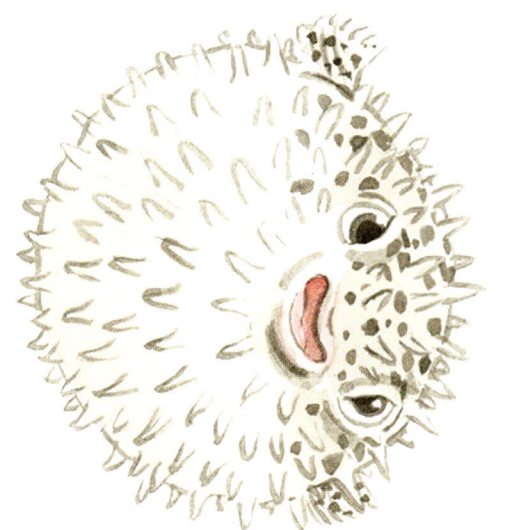

나는 적에게 겁을 주기 위해 원래 크기보다
세 배나 네 배까지 몸을 부풀려요.
그것도 엄청 빠르게요. 그러면 꽃잎이던
포식자는 깜짝 놀라게 되죠.

어떤 독에는 몸에서 길고 날카로운 가시가
나오기도 해요. 나는 그렇지 않지만요.

내가 만든 둥지 어때요? 아름답지 않나요? 바다 맨 밑바닥에 만든 거랍니다. 앞뒤로 헤엄치며 지느러미로 모래를 고르게 펴요. 그리고 침대 하나 크기만큼 원을 그리지요. 둥지를 완성하기까지는 대략 일주일 이상 걸려요.
나의 작품이 마음에 들면 암컷은 둥지 가운데로 들어와 알을 낳아요. 새끼들이 태어나 다른 곳으로 떠나면 나도 역시 둥지를 떠나 다른 어딘가에 새집을 만들어요.

두더지

나는 세상에서 제일가는 땅파기 선수예요. 내가 판 땅굴은 길이가
몇 킬로미터에 이르기도 해요. 구조도 복잡하게 만들 수 있어요.
그래서 우리집은 기어 다닐 수 있는 공간이 많아요.
나는 짝을 찾을 때 빼고는 혼자 살아요.

나는 누구일까요?

- **이름:** 두더지
- **종류:** 포유류

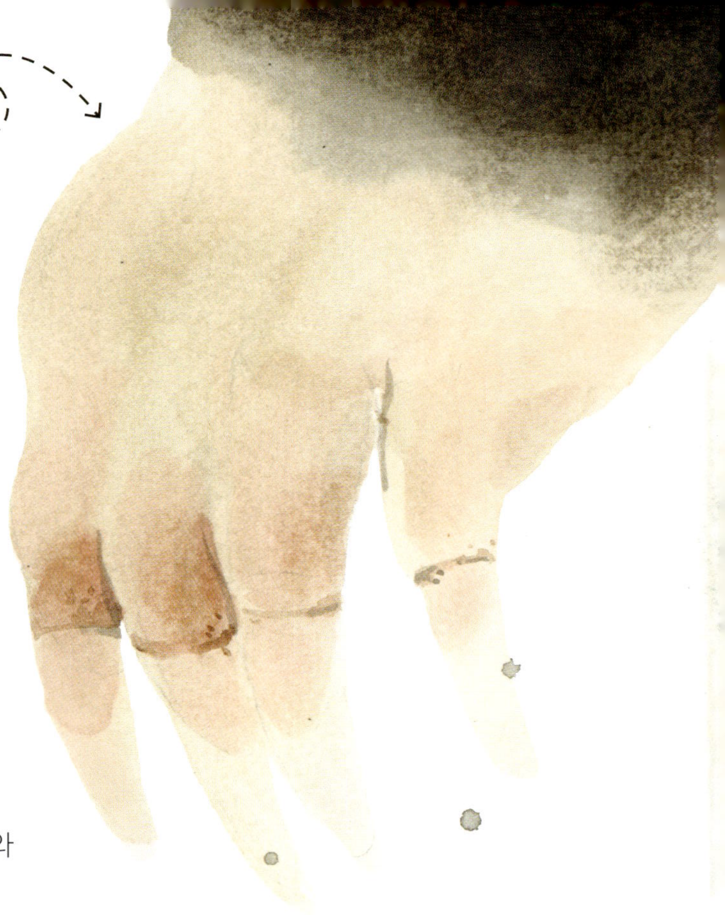

앞발은 삽 모양으로 생겼어요.
다섯 개 발가락에
긴 발톱이 달려 있지요.

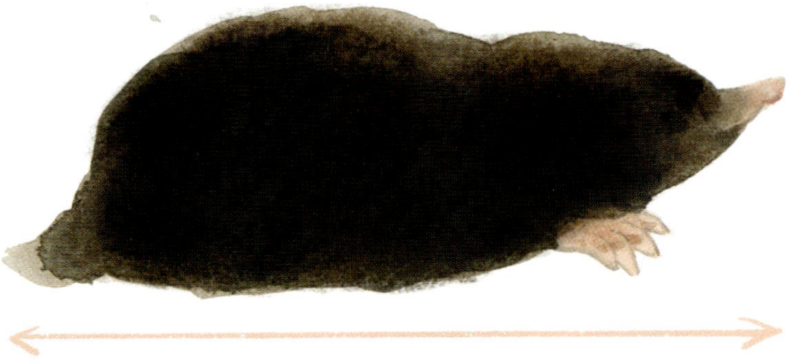

크기:
8~18센티미터

다리:
넓은 앞다리 2개와
작은 뒷다리 2개

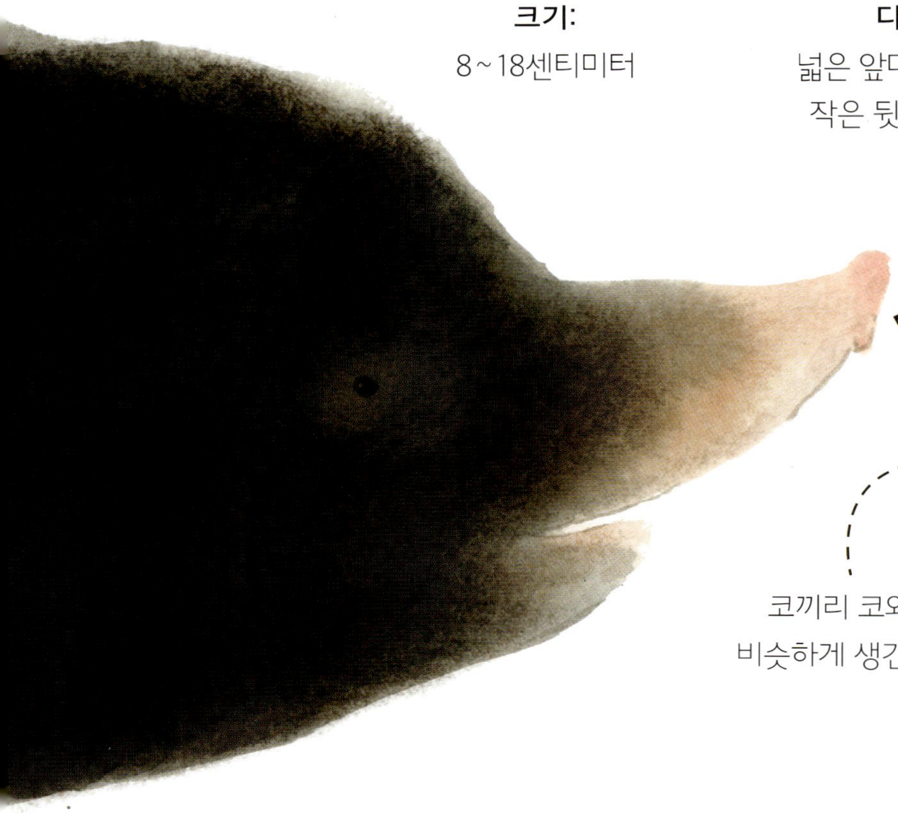

코끼리 코와
비슷하게 생긴 코

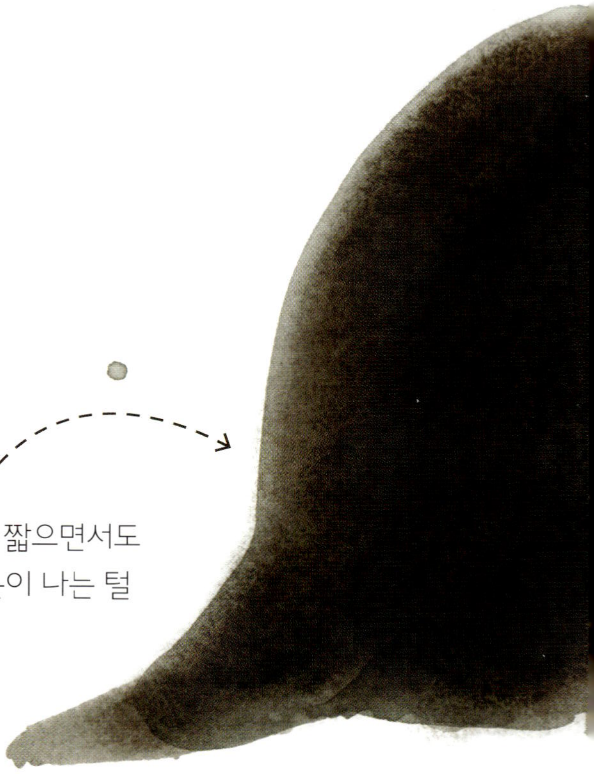

매우 두껍고 짧으면서도
반짝반짝 윤이 나는 털

서식지: 정원, 풀밭, 숲

속도: 시속 6킬로미터

0 6 km/h 100

천적:
- 비버
- 족제비
- 땅금두더지
- 소쩍새
- 오소리
- 악어

나는 눈이 너무 작아서 앞을 제대로 볼 수 없었어요. 하지만 괜찮아요. 주로 땅속에 살아서 무엇가를 볼 필요가 없거든요. 나는 밝고 어두운 것을 구별할 수 있어요. 그러나 냄새는 무척 잘 맡아요. 들이마실 때는 땅의 진동을 이용해 움직임을 파악하기 때문에 보지 못해도 크게 불편하지 않아요.

앞다리로 땅을 파요.

나는 지렁이 수백 마리를 겨울철 창고에 저장해 놓아요. 지렁이는 앞부분을 살아 있어요. 움직이지 못함답니다. 그래서 언제든지 신선한 먹이를 먹을 수 있어요.

먹이:
지렁이와 곤충

나는 날마다 내 몸무게의 절반 이상을 먹어요.

갓 태어났을 때는 아주 작고 털도 없는 상태인데다가 아무 것도 볼 수 없어요. 태어난 지 2주가 지나면 털이 자란 뒤덮여져요. 2달이 지나면 털이 완전히 자란 체온을 유지해 준답니다.

내가 얼마나 빨리 자라는지 보세요!
- - - →

59

나는 넓적한 앞발로 땅을 파서 굴을 만들어요. 발바닥이 바깥쪽을 향해 있어 깊은 흙을 쏙쏙 옆으로 밀어낼 수 있어요. 그런 다음 몸을 흔들면서 땅속으로 미끄러지듯 내려가지요. 가끔은 흙을 땅 위로 던지기도 해요. 땅 위에 봉긋하게 흙더미가 쌓이는 것은 우리 때문이에요.

나는 땅이 바로 아래에에 굴을 파요. 특히 풀밭에는 지렁이가 많아서 굴을 파기를 나는 정말 좋아해요. 굴을 더 깊게 파서 다른 방과 이어주는 통로를 만들기도 하지요.

나는 밤도 만들고요, 지렁이를 저장해 둘 창고도 만들어요.
그리고 새끼를 낳고 기를 수 있는 아기방도 만들지요.
새끼들은 태어난 지 5주가 지나면 보금자리를 떠나요.
그러면 다시 혼자서 살아가지요.

우리는 모두 최고의 건축가들이에요.